thank you for joining us

In celebrating our

50th Wedding Anniversary!

Your presence means the

world to us!

1972
Those Were the Days

New House	$27, 400.00
Average Yearly Income	$11,820.00
Average Monthly Rent	$160.00
New Car	$3,860.00
Gallon of Gas	55 cents
US Postage Stamp	8 cents
Movie Ticket	$1.75
Dozen Eggs	45 cents
Loaf of Bread	26 cents
Gallon of Milk	$1.19

Name Guests Wishes

Name Guests Wishes

Name Guests Wishes

Name   Guests   Wishes

Name   Guests   Wishes

Name   Guests   Wishes

Name Guests Wishes

_____

_____

_____

_____

_____

_____

_____

_____

_____

_____

_____

_____

_____

_____

_____

_____

_____

_____

Name   Guests   Wishes

Name   Guests   Wishes

Name   Guests   Wishes

Name　　　Guests　　　Wishes

Name Guests Wishes

Name   # Guests   *Wishes*

_____   _____

_____   _____

                         _____

_____   _____

                         _____

                         _____

_____   _____

                         _____

                         _____

_____   _____

                         _____

                         _____

_____   _____

Name   Guests   Wishes

Name   Guests   Wishes

Name   Guests   Wishes

_____

_____

_____

_____

_____

_____

_____

_____

_____

_____

_____

_____

_____

_____

_____

_____

_____

_____

_____

Name   Guests   Wishes

_____

_____

_____

_____

_____

Name   Guests   Wishes

Name　Guests　Wishes

Name   Guests   Wishes

Name   Guests   Wishes

Name　Guests　Wishes

Name · Guests · Wishes

_____

_____

_____

_____

_____

_____

_____

_____

_____

_____

_____

_____

_____

Name

Guests

Wishes

Name   Guests   Wishes

Name   Guests   Wishes

Name

Guests

Wishes

Name Guests Wishes

Name　　Guests　　Wishes

_____

_____

_____

_____

_____

_____

_____

_____

_____

_____

_____

_____

_____

_____

_____

_____

_____

_____

Name Guests Wishes

Name   Guests   Wishes

Name　Guests　Wishes

Name   Guests   Wishes

Name   Guests   Wishes

Name　　Guests　　Wishes

Name   Guests   Wishes

Name

Guests

Wishes

Name   Guests   Wishes

Name　　Guests　　Wishes

Name   Guests   Wishes

Name   # Guests   # Wishes

Name   *Guests*   Wishes

Name   Guests   Wishes

Name   Guests   Wishes

Name

Guests

Wishes

Name   Guests   Wishes

Name   Guests   Wishes

Name   Guests   Wishes

Name Guests Wishes

Name Guests Wishes

Name   Guests   Wishes

Name
Guests
Wishes

Name Guests Wishes

Name　　　Guests　　　Wishes

Name　Guests　Wishes

Name   Guests   Wishes

Name

Guests

Wishes

Name

Guests

Wishes

Name   Guests   Wishes

Guests

Name

Wishes

Guests

Name

Wishes

Name Guests Wishes

Name

Guests

Wishes

Name | Guests | Wishes

Guests

Name

Wishes

Name · Guests · Wishes

Name *Guests* Wishes

Name   Guests   Wishes

Name

Guests

Wishes

Name   Guests   Wishes

Name Guests Wishes

Name   Guests   Wishes

Name

Guests

Wishes

Name

Guests

Wishes

Name Guests Wishes

Name Guests Wishes

Name Guests Wishes

Name

Guests

Wishes

Guests

Name

Wishes

Name　Guests　Wishes

Name

Guests

Wishes

Name Guests Wishes

_____

_____

_____

_____

_____

_____

_____

_____

_____

_____

_____

_____

_____

_____

_____

_____

_____

Name　Guests　Wishes

Name
Guests
Wishes

Guests

Name **Wishes**

Name · Guests · Wishes

Name   Guests   Wishes

Name   *Guests*   Wishes

Name

Guests

Wishes

Name   *Guests*   Wishes

Name Guests Wishes

Name

Guests

Wishes

Name   Guests   Wishes

Guests

Name

Wishes

Name   Guests   Wishes

Name   Guests   Wishes

Name　Guests　Wishes

Name   *Guests*   Wishes

Name Guests Wishes

Name　　　　Guests　　　　Wishes

Name

Guests

Wishes

Name   Guests   Wishes

Name

Guests

Wishes

Name   Guests   Wishes

Name   ## Guests   ## Wishes

Name   Guests   Wishes

Name Guests Wishes

Made in the USA
Monee, IL
23 June 2022

98462135R00065